# Olá, Poesia

**uma coletânea de autores**

Ensaios sobre a vida, a natureza humana, estados de espírito vários, memórias visuais e olfactivas, a nostalgia, a necessidade de evasão, a saudade, a procura da felicidade e cor dourada, a desordem interior, a dor, o inconformismo, a esperança, um desabafo, a revolta, a paixão e o sempiterno, inevitável amor. O amor vivido, o amor sofrido, o amor perdido, o amor sonhado, o amor próprio, a amor pelo próximo... o puro amor de uma mãe também.

# FICHA TÉCNICA

**Título:** Olá, Poesia

**Coordenação Editorial:** Júlia Guimarães Ribeiro

**Marketing:** Isabel Castro

**Design e Paginação:** Notag

**Foto da Capa:** Mafalda Ribeiro

**ISBN:** 978-989-33-3186-6

**Depósito Legal:** 499339/22

**Edição:** NoTag 2022

# Índice de Autores

# Maria Bell

*Maria Bell é de raízes transmontanas com ascendência no Norte da Europa. Nasceu em Lisboa, cidade mágica do seu coração e cresceu silvestre nos montes de Oeiras e Cascais, educada num colégio religioso. Vive atualmente em Sesimbra. Preza acima de tudo os valores da Justiça, Lealdade, Integridade e o Sentimento é o que transborda alquimicamente nas suas palavras. Paixão e entusiasmo são as que a caracterizam. Admira profundamente Florbela Espanca, Álvaro de Campos, Eugénio de Andrade e Sophia de Mello Breyner. Escrever é sagrado ofício da Alma.*

Estou há horas a olhar estas paredes
O branco do silêncio aguarda algum sinal
O tempo é um charco de lágrimas quieto
Tudo é alheio a esta quietude, exceto
O coração que ainda bate sem saber porquê.

Antes que seja tarde
todas as palavras
mortas por desabrochar
escreverão hinos
e enlouquecerão poetas
e pássaros
em tua memória.

Gosto das cerejeiras em flor,
e dos lábios cerisos sangrando beijos,
rosas brancas, amores (im)perfeitos,
flor silvestre no teu leito...
papoilas rubras, breves,
corando a seara beijada pelo vento.

Passam as horas.
Passam dias,
meses, anos.
Só tu não passas de mim.

Como marés de sargaços
chegam saudades de abraços
de todos os cantos do mundo
Aguarelas de barcos e velas
espelham em todas as janelas
dos olhos, o azul profundo.

## Rita Bentes Costa

*N. 1981, Lisboa. Embora ligada às ciências, sempre escrevi. Tenho participado em vários concursos literários desde 1999, sendo que, ainda nesse ano ganhei um 1º prémio de poesia. Em 2003 participei no primeiro projeto coletivo, contando já com cerca de 25 participações do género.*
*Sou mãe de dois meninos, e autora de dois livros, "O Descanso do Adeus" e "Dicotomia", ambos de poesia.*

**Amor...**

O amor
A vida, a alma
A paixão
Aqueles que nos rodeiam!
O olhar sincero do bebé,
Da criança que cresce
Do pai para a mãe
E desta para aquele...
O amor, mostra-se aqui
No dia-a-dia
Que leve corre
Argumentando
Que só vale a pena
Quando existe!

Somos mais,
Somos mundo,
Somos agregados em nós
Para o cosmos.
Somos amor, verdade
Completos por nós
Complementos de nós mesmos
Em todos...

Olho para ti,
E também para ti!
Dois seres que trouxe,
Que vejo crescer
Mas que me trouxeram também!
Trouxeram-me aqui para ser mãe,
Aprender a amar sem limites
A perseverança, o caminho...
O amor, na forma mais pura
Nos olhos do bebé que cresce,
Da criança que, não sendo mais um bebé,
Será sempre o Meu bebé,
Os nossos filhos,
Preciosos diamantes em bruto,
Que juntos lapidamos
E nos lapidam também...
O amor é isto! A partilha,
Os ensinamentos,
O crescimento...
O coração, que todos os dias
Cresce, cresce, cresce
Em amor, quando assim não pensamos
Ser possível!
O amor, que é tão grande
Quanto versátil!
Ama-se a vida, o outro de nós,
Os filhos, que nos ensinam o derradeiro
AMOR!

# Ludovina Dias

*Aventureira sonhadora, o horizonte é o limite.*

**As Sementes do Livro**

Foram sementes que o vento espalhou
Criaram raiz em terra firme
Passou o tempo que consolidou
A semente cresceu e foi sublime

Um grão de mostarda que germinou
Tornou-se na vida o maior saber
Todo o tempo que aos livros eu dou
Crio a força de um novo amanhecer

São os livros minha aprendizagem
De todos os tempos que a vida me dá
Neles encontro a fresca aragem
E crio meu mundo que deixarei por cá

Em livro eu quero algo deixar
A minha semente para quem vier
Um dia alguém me irá recordar
Que neles aprendam e saibam crescer

Em criança viajei e criei ilusões
Nos contos de fadas que me fizeram sonhar
Nalguns estudei e tirei conclusões
P'ra na vida crescer e saber caminhar

Aprendi a ler ao colo do meu pai
Apontou-me horizontes, caminhos de luz
Abriu-me o caminho e disse-me: "vai,
Um dia tu mesma escreverás tua cruz

Fiel a ti mesma escreve em verdade
E lança no mundo ideais de esperança
Os livros não morrem e na prosperidade
São lembranças eternas da escrita em mudança"

Apuram-se as letras mas fica a mensagem
Os livros são sementes do tempo a mudar
Lançam as mentes para nova viagem
Que ninguém consiga a escrita parar.

**Mordaz**

Se a escrita é mordaz
Há que saber entender
O poeta não se apraz
Em metáfora escrever

Mas na sua natureza
E com medo de ferir,
Usa de subtileza
Para assim se definir

Sensível, de fino trato,
Alma leve e com candura
Tenta definir o retrato
De gente que só tem frescura

Olha bem ao seu redor
Triste mundo o que vê!
Tanta falta de pudor
E isso leva a quê?

O abandono, a frieza
A falta de educação
O poeta com grandeza
Denuncia a ingratidão

Porque a escrita é mordaz
A caneta precisa de freio
Se dissesse o que lhe apraz
A leitura ficava a meio.

## Liberdade

Solta, liberta, deixa fluir
O vento leva num passeio de liberdade
Só o tempo deve decidir
O que será nosso de verdade

Mas onde tudo está em mutação
Quem pode dizer "isto me pertence"?
A vida é sonho, é ilusão
Onde é o tempo que nos vence

Vai o tempo, fica a saudade
O rio corre e não volta atrás
O que pensamos ser nossa vontade
É só aquilo que o tempo faz

Solta-te, sonha, grita, liberta
Toda essa energia que há no teu crer
Na serra, no vento, no mar, na areia deserta
Só na libertação pudemos renascer.

# Ana Catarina Branco

*Sou natural da ilha de S. Miguel e encontro-me a viver e a trabalhar na ilha Terceira, Açores. Sou psicóloga clínica e da saúde e trabalho com público infanto-juvenil.*
*O gosto pela escrita surgiu quando ainda era adolescente e, apesar de ter feito uma pausa de quase 10 anos para me dedicar à minha formação académica, continuo a escrever por prazer, tanto prosa como poesia, tentando abordar temas ainda pouco explorados.*
*Atualmente, encontro-me a realizar formações na área da escrita e, para além de escrever, também tenho como* hobbies *ler, ver filmes/séries, trabalhos manuais e puzzles.*

## Apenas mais um dia

Sou acordada pelo despertador,
Sonoro, pontual, certeiro,
Que teima em acordar a minha dor,
Escondida, como da lei o forasteiro.

Obrigo o meu corpo a se sentar,
Molengo, fraco, cansado,
Para mais um dia começar,
Mas que é, à partida, fracassado.

Sinto a água a bater na minha cabeça,
Leve, quente, relaxante,
Mas nenhuma gota faz com que impeça
De sentir mais esta dor galopante.

Preparo o café numa caneca qualquer,
Aromático, doce, fumegante,
Mas já não tem um efeito sequer,
Nem mesmo queimar esta dor sufocante.

Então, invade-me um constante pensar,
Apatia, fraqueza, cobardia,
Não há forma de a ele escapar,
Mas é apenas mais um dia.

## Silenciosa moradia

Um suspiro profundo da alma
Na esperança de criar coragem,
Na ilusão infantil de atrair a calma
Para entrar nesta tua paragem.
A porta abre-se finalmente
E o terror assombra a minha mente.

A batida do coração fica suspensa,
A violenta saudade inunda
A minha garganta seca e tensa,
A minha essência mais profunda.
O consciente exige movimento,
O corpo está sem discernimento.

A suave brisa é densa e pesada,
O vazio obriga-me a confrontar
Com a realidade que me deixou lesada
Com a dor que insiste em desatinar.
Caminho parada pelo corredor,
Em mim invade um choro sofredor.

Por todo o lado procuro um sinal,
Mas cada passo é uma confirmação
Quc rcalmente estou face ao final,
Que estou sem quem me aquece o coração.
Estou perante a verdade derradeira,
A dor é cada vez mais desordeira.

Ali ainda consigo sentir a tua presença,
Persiste o cheiro das tuas doces maravilhas,
Mas a realidade é uma dura sentença,
É a mente a dedilhar as suas armadilhas.
Pego a tua fotografia com uma mão,
Enquanto transborda o coração.

Tudo à minha volta desapareceu,
A tua doce presença calorosa
O espaço há muito já esqueceu
E tornou esta morada silenciosa.
Mas sobressaem desta profunda escuridão
As memórias que me arrancam desta solidão.

## Impulso

O meu peito arde, queima.
Não é dor física,
É da mente, é da alma,
É uma força,
É um íman,
É um impulso,
É uma vontade inconsciente
De fazer algo racional.

Passeias à minha frente,
Atiças-me com a ondulação natural
Do teu corpo enquanto te movimentas.
Por vezes sentada à minha beira
Brincas com os teus cabelos,
Enrola-os nos teus dedos,
Deixando-os em perfeitos cachos,
Enquanto o teu olhar me penetra a alma.

Minha mente também me atraiçoa.
Apenas passa imagens tuas,
Como um projetor de cinema
Em que o único filme é sobre ti.
Nem estou a salvo enquanto durmo.
Invades os meus sonhos
Onde te faço o inimaginável,
O que não tenho coragem enquanto acordada.

Sinto-me num precipício,
Num contínuo entre a sanidade e a loucura,
Uma linha que já esteve mais longe de mim
E que, a qualquer momento,
Irei, impulsivamente, transpor.

## Bruno de Quintino

*Nasceu no ano de 1976, em Moçambique. Poeta, compositor de várias músicas, levou Guimarães a participar na 30ª Gala dos Pequenos Cantores da Figueira da Foz com um tema original dedicado à sua mãe Anita Moreira, intitulado "A Astronauta". Atualmente continua embrenhado e dedicado à composição. Alquimista de palavras com mais projetos futuros.*

**O Poeta**

Se alguém te perguntar
Diz que é o destino
A chave de uma casa
Ou um beijo prometido

Diz que sonhas comigo
Sussurrando a prazer
És a luz de uma escada
E eu um telhado de vidro

Que em cada hora me sais
Que em cada momento me ficas
Em cada palavra carregas
um poeta escondido

Leve e nu como a alma
Pois não há nada mais alto
És a areia no tempo
És o verbo sagrado

Oh, como é bom saber
Oh, aqui doa onde doer
E o meu coração
Chama por ti
Outra vez...

**Saudade**

A memória é saudade
Cresce dentro de nós
Alguns lhe sentem verdade
Outros só lhe escutam a voz

Sobrevive no tempo
Vai contra o Sol a queimar
É a luz a um canto
Que a noite veio embalar

Bem lá no alto da Lua
Toca no chão a espreitar
não há sinal que a mude
ou alma que a saiba afastar

Então, o que foi passou
Então, o que foi já se fez
Somos esperanças selvagens
Esperando a nossa vez

## A Alma Nua

Venham todos aqui ter
Deixem-se possuir
Ela passa à esquina
Sua luz faz-se sentir

Enche a casa e de repente
Bem-vindos ao trapézio
Voador

Ela acende outro cigarro
Com a meia quase a subir
Aguenta mais um pouco
Deixa o fumo a refletir

Lentamente, sobe a escada
Seu aroma é calor

Às vezes sim
Às vezes não
Quero a tua alma nua

O mistério de um ser
Todos a querem engolir
Pois na pressa e na loucura
Só ela sabe onde insistir

Abre a pista e toda a gente
Roda o triângulo do amor

Às vezes sim,
Às vezes não,
Quero a tua alma nua

És frágil como o vidro
Uma montra de papel
O vermelho que tu usas
É o sangue de Babel

Enche a casa e de repente
Bem-vindo ao trapézio voador

Às vezes sim,
Às vezes não,
Quero a tua alma nua

# Ana Horta

*Chamo-me Ana Maria Horta Rodrigues. Nasci em 1951 em Vila Real de Santo António (no Algarve), onde vivo. Sou professora de primeiro ciclo aposentada e tenho uma licenciatura em Educação Especial.*

*A poesia faz parte integrante da minha vida mas também gosto muito de pintar a óleo.*

*Encanta-me o sol e passear junto do mar e do rio Guadiana.*

## Flor

Não sei se será bom
ser uma flor
exposta ao Sol, ao vento
ao frio de inverno
aos beijos consentidos
dos insetos
e das aves.
Não sei se uma flor
no seu sentir
consegue perceber
que o tempo
a descair
também vai
passar por ela.
Mas acho que uma flor tem coração,
vive cheia de emoção
vendo passar por si
muita gente na rua
a gostar dela.

## Gostava

Gostava de ser forte
e abnegada
como o rochedo
que vive junto ao mar
sem sentir medo.
Gostava de ser água...
fresca... de uma fonte
que descesse afoita
das alturas
sem receio de me perder.
Gostava de ser lago
que espelhasse o céu
e depois em cascata
descesse como um véu
aos pés de quem,
assim tal como eu,
tem sede de viver.

**Quero...**

Quero perder-me
para depois
sentir o gosto
de encontrar-me.
Quero descobrir
o que fica
para lá do infinito
e ouvir a minha voz
a dispersar-se
num só grito...
Quero reabrir devagar
e com toda a emoção
o velho cortinado
donde se avista
esplendoroso
o Sol poente...
Ah, e depois
suspirar
e encher os olhos
com a sua luz ardente.

# Otília Rebelo

*Nasci no distrito de Vila Real. Atualmente vivo em Vila de Cucujães, S. João da Madeira, no distrito de Aveiro. Sempre me fascinou a poesia. Amo escrever, algo que faço em alguns grupos de poesia. Tenho participado em algumas coletâneas. Escrevo na minha página tiliarebelo.eu”emeusentir.*

Estou sozinha com o universo
inteiro e a noite...!
Não quero abrir a janela.
Se eu olhar, vejo a noite que desce
No maior silêncio lá do alto
Em mistérios infindáveis...
Esta noite com estrelas ou sem elas
Causa-me um estremecer
A noite já lá vai longa, preciso adormecer
Só queria sonolentamente
Sentir qualquer coisa de belo
Antes que durma
E a noite já lá vai longa.

Não sei onde estás...
Perdi o rastro de ti
Saiste da órbita da Terra
Não me chega qualquer sinal
Não sei porque tem que ser assim
Talvez porque sim
Talvez porque não
Só sei é que ainda viajas por aí
Sinto que chamas por mim
Na escuridão!
Ou na luz?
Talvez sim, ou talvez não...

Rendi-me...
Sempre...
Por amar-te!...
Não sei...
Afinal...
Porque...
Me condenas!...
Pode ter sido...
A minha...
Maior loucura...
E aventura...
Mas,...
Senti na perfeição...
O sabor...
Doce e amargo...
Desta paixão!...
Não menti ao meu...
Nem ao teu coração...
Do sentir...
Desta paixão...
Numa idade...
Do terceiro tempo!...
Talvez...
A mais sentida...
Sem medida...
Que me passou...
Por a vida...
Ficando...
Sem meu querer...
Por este tempo...
Adormecida!...

Serei uma nuvem...
Para ti...
Não sei de que cor...
Que passou...
Por a tua memória!...
E um abraçado...
De palavras...
Entoando em ecos...
Para se ouvir...
E ficam agora...
Retidos na nossa história!...
Não sei...
Se ainda...
Podem acordar...
Os ecos do nosso Amor...!
Da memória...!

# José Sorte Francisco

*José Sorte Francisco nasceu na cidade de Luanda, em Angola, a 13 de março de 1994. Vive entre Luanda e "o universo imaginário". Iniciou a sua carreira literária em 2014, tendo feito cinco anos depois o curso intensivo de Realização e Produção de Filme de Ficção ministrado pela Kongo Bizizi Academy.*

**Por Favor, Volta!**

Quando meu olhar te achar,
Me jogarei toda só para si
E direi assim:
"Eu te amo,
Ó meu desgraçado infeliz!"
Há em mim um forte desejo
Que te quer sempre por perto
Não te largo nem por um triz
Dos seus beijos me fiz refém
Meu desgosto por tudo me diz
Que sou sua e de mais ninguém
Voltei porque preciso de saber
O que você nunca me vai dizer
Mas preciso que minta pra mim
Porque preciso de alguma razão
Para me respeitar como mulher
Em ocasiões assim me pergunto
O que então fiz para te merecer
Não sei de que você foi feito
Só sei que quero-te d'um jeito
Que nunca alguém há de querer.

## Querida Mulher

Engraçado, este tal de amor
Com tantas coisas calhando ao meu redor
E eu aqui, desejando-te com desmedido ardor
Não há, minha amada, neste
Mundo fingidamente imponente
Sentimento maior como este
Que por ti sinto loucamente
Ó minh'amada, o que eu sinto por ti
Homem nenhum conseguirá fingir
Gostaria que olhasses para mim
Assim que te falo do meu sentir
Cada beijo teu faz-me estremecer
Abraça-me agora e juro não mais correr
Deixa-me beijar tua mão, querida mulher
E de joelhos achas-me agora, apenas para te dizer
Que entre os seus seios almejo morar e morrer.

## Teresa Villa Lobos

*Ora aqui estou eu, a alentejana,*
*na bela terra de Monsaraz, que adoro,*
*e que não ficava assim tão longe do Museu dos Cristos*
*do meu pai, entre Estremoz e Borba,*
*onde amei viver e aprendi com a mãe Natureza.*
*Uma boa noite com estrelas a brilhar,*
*sonho bom de guardar na almofada*
*porque, às vezes, sabe bem acreditar numa doce fada.*

Rebola um grãozinho de paz
(Força/vontade de renascer)
Num mundo de dor e ódio.
Quem a ajuda a crescer?
Guardei-o em mãos frias, manchadas
De medos, nervos e incertezas.
A Paz debruça-se sobre elas
Acalmando minhas tristezas.
Caras sem rosto, cansadas,
Tão longe do seu caminhar!
Coração adormecido no peito,
Que a Paz quer despertar.
Tão lenta roda a roda do tempo
De quem quer chegar ao fim.
Lagartas e tanques de fogo
Quebram o silêncio dentro de mim.
Grãozinho de areia pequenino
Feito de amor pela Paz,
Soprando do fundo do tempo,
Dizendo ao homem: “Tu és capaz!”
Por tudo que nós somos aqui,
Entre zangas, guerras e lutas
Tão simples viver em paz,
Deixando para trás as disputas!
Para isso, é preciso crescer
Dentro da nossa consciência,
Abrindo as portas ao Amor
Com a chave da paciência.

O amor é assim deste jeito
Vai entrando devagarinho
Com um sorriso, um beijo
Demonstração de carinho
E assim o sol brilha entre nuvens
Em seu rasgado e belo sorriso
Porque o amor vem sem avisar
Se espalha quase sem juízo
Mas afinal a vida é mesmo assim
Um malmequer de bem querer
E quem não ama não sente
Tão belo e puro prazer
E por entre a teia de cada vida
Se vão tecendo os anos enfim
Entre uma lágrima um sorriso
Porque viver é mesmo assim
E cá estou eu mais o meu Zé
Já lá vão uns bons aninhos
Com muito amor e uma lágrima
Quando tudo é dito com carinho.

Oh, Lua fugidia
Que caminhas num Céu de breu,
Com teus cabelos de chuva
Enfeitados de negras nuvens,
E choras no Mar que é teu,
Diz-me qual é tua mágoa,
Porque foges esta noite?
Se as Estrelas são teu leito
E o Sol teu amante,
Não sejas amarga
Só porque o vento não apareceu.
Enxuga essas lágrimas
E esquece o que ele te prometeu,
Vai na Madrugada pela terra,
Rompe pelos caminhos da Aurora,
Afoga o teu desgosto de amor
Mas não te vás embora:
Tu és linda aí no Céu
Como pedra preciosa,
És, de todas as nossas joias,
A que é mais valiosa,
Porque, sem ti, ninguém sonha.
Lua dos mil namorados,
Tu inspiras os corações,
A dormir ou acordados...

## Carlos Barroso

*Eu, Carlos A.V. Barroso, nascido a 17/07/1947, na freguesia do Socorro em Lisboa, que passei pela Escola Preparatória Pedro Santarém, Manuel Damaia, Escola Industrial Machado de Castro, Fonseca de Benevides e fiz o 1.º ciclo de liceu no Liceu Camões, fui criado entre o Bairro da Bica, Mouraria e Bairro Alto. Emigrado na Suíça desde 15/03/1974, talvez não tenha a cultura e vocabulário para me equiparar aos grandes poetas portugueses, mas com toda a experiência de vida que trago na minha bagagem - de vitórias, desgostos e de amores - não posso ousar me expressar e esperar compreensão pelos meus "simples e vulgares escritos"? Deixo-vos o juízo final.*

## Com ou Sem Represálias... Opino!

A liberdade de expressão...
É escrever sem medo,
É escrever esmagando o ninho do "escorpião"!
Século vinte e um!
Ainda difícil de se expressar...
Ainda difícil de fazer parte da "nossa" opinião!
Da liberdade de comunicar, pensar...
A liberdade de expressão...
Proibida em alguns países... e noutros...
Fingem que sim... mas há jornalistas em prisão!
Século vinte e um...
Escondidos atrás da política...
Ou escondidos por detrás da religião...
O escrever livremente... ainda é sujeito a crítica!
E o se expressar livremente...
É andar a pés nus nos ninhos do escorpião!
Sem poder escrever o que se pensa...
Sem ninguém ofender... mas com a sua razão!
Divergir de ideias políticas, defender idealismos
No século vinte e um ainda leva à prisão!
Com ou sem ditaduras... mas sem ostracismo
Aos escritos públicos há que fazer atenção...
Até as redes sociais, com o seu cinismo...
Te "cortam", "blocam" por uma caricatura...
Évocatrice de uma religião!
Século vinte e um...
Com medo de perdas financeiras, as redes sociais
Com medo de represálias, deixam de ser imparciais...
Não assumem a divergência de opiniões...

E talvez por covardia ... não apoiem a liberdade de expressão!
Vamos esmagar os ninhos de escorpião!
Vamos apoiar os jornalistas...!
Todos esses "blocados"... ou em prisão!
Não vamos ter medo de publicar caricaturas!
Apoiar a liberdade gráfica da expressão...
Não vamos ser "agélastes"... sem remissão!
Viva a liberdade de escrever, viva a liberdade...
Viva a liberdade da imprensa, a liberdade de expressão!

**Falando Comigo Mesmo...**

E tu... esta noite?
Como vais?
Já estão esquecidas essas noites infernais
Que deitados passámos... entusiasmados?
Que juntos passámos... acordados?
Essas noites sempre desiguais...
De ternuras, sonhos e soluços...
Essas noites entrelaçados?
Essas noites a "refazer o mundo", a sonhar...
A fazer planos... apenas imaginados...
Planos que nunca iríamos realizar...
Esta noite... como estás?
Continuas a sonhar?
E mesmo sem os nossos braços entrelaçados...
E mesmo sem querermos, ou por culpa nossa...
Os nossos sonhos não foram realizados?
Continuas a sonhar? Esta noite?
Esta noite... como estás?
Ainda sonhas? Com os olhos semicerrados?
Mesmo sem dormirmos, nem sonhando...
Mesmo sem dormirmos abraçados!
Mesmo sem o perdão da vida... falhando...!
Olha... vamos continuar...
Mesmo sem adormecer abraçados...
Não vamos deixar de sonhar...
Não vamos só sonhar dormindo...
Vamos continuar a sonhar, mesmo acordados...
E eu vou deixar de perguntar...
Esta noite como estás?

Ficando já feliz por a teu lado acordar...
E fazer tudo para que continuemos a sonhar...
Hoje... que belo dia!
Vamos sonhar?

Um poema sem título...
Um amor sem explicação...
A chama da vela que se apaga...
Sem aragem nem vento...
Os penhascos junto ao mar...
Que se destroem com os ventos, a erosão...
Os amores que se terminam...
Quando nos fomentavam a paixão...
O jovem que morreu... antes de concretizar a sua ilusão...
A vida que a uns parece sem fim...
E que para outros... termina sem solução!
A vida... sem título...
Pois ela de a titular não deu ocasião!
A vida... essa coisa insaciável...
Que nos escapa entre os dedos, sem remissão!
A vida, como a areia, como o mar...
São coisas imensas... que da vida não têm compaixão!
Não há título... para titular o poema... vida!
Só vivê-la... com ou sem título...
Compreendê-la, aceitá-la com o coração!
E compreender que é ela que decide...
Do título que lhe vai dar o poeta...
Justo para da vida dar uma ilusão.
O poema... a vida... não têm título...
A vida é uma paixão!

# Helena Bispo

*Olá. Sou a Helena, nasci há pouco mais de meio século no Algarve. Esta região a Sul, onde o mar é mais azul... Extrovertida por natureza. Gosto de ler e escrever o que me vai no coração. Por exemplo, sobre "o amor", que é o nosso maior valor. Amiga leal e verdadeira, exigindo da mesma maneira. Com os objetivos quase cumpridos. "Quero é viver" e divertir-me até morrer. Deixo na Terra o meu legado, partirei com saudade. Esta sou eu!*

## Saudades de Ti

Hoje apetecia-me adormecer com a tua voz como um sussurro.
Apetecia-me no escuro ouvir o som da tua respiração.
Saber que estás aí só porque sinto o bater do teu coração.
Hoje apetecia-me adormecer com teus braços como segurança.
Com teu beijo na lembrança.
Adormecer com o teu amor
Como companhia.
Com o teu colo como serventia.
Hoje apetecia-me!
Adormeces-me?

## Rasgo de Mim

Rasga-me com teu sorriso
Despe-me com teu olhar
Faz meu teu corpo submisso
Aquele que queres amar.
Enrola-me no teu abraço
Suga a minha pele
Faz de mim o teu amasso
Bebe-me como se fosse mel.
Meu ser o teu pede
Mata esta secura
Bebe enquanto tens sede
Aproveita enquanto dura.
Sedenta de paixão.
Vem apagar esta chama
Amar até à exaustão
Amando quem te ama!

## Alienada

Sinto-me perdida entre a gente
Por entre a multidão
Infeliz e carente
Em perfeita solidão.
Acompanhada e só...
A tristeza por companhia
Na garganta um nó
Que me asfixia...
Não quero ir por aí
Liberto as amarras
Levantei quando caí
Saí das tuas garras...
Sei que vou conseguir
Sou forte o bastante
Sei onde quero ir
Sou mulher errante...
Não traves minha caminhada
Partirei em liberdade
Vou por aquela estrada
À procura da felicidade!

## Susana Olhicas

*Metade de mim é poesia, a outra a vida vai-me ensinando a escrever com (c)alma.*

## [Há Pessoas Que Nem o Tempo Esquece]

Há pessoas que nos tocam, que nos beijam a alma,
que nos fazem bem!
Há pessoas que a distância não apaga,
que o tempo não esquece!!!
Há pessoas que moram dentro de nós!
Há pessoas que nos descortinam as cortinas da vida quando os dias se igualam às noites, escurecidas, mas que nos fazem sorrir a olhar o mundo lá fora como se as cores coloridas inundassem a nossa vida!
Há pessoas que fazem florir as flores da primavera mesmo quando o frio do inverno, que vive em nós,
teima em continuar!
Há pessoas que nos agasalham a alma e nos aquecem
as artérias do coração, nos momentos de solidão!
Há pessoas que nos ouvem até à exaustão, que voam dentro de nós, que viajam connosco nas emoções, que estão onde mais ninguém quer estar!
Há pessoas que nos sentem em pensamento!
Há pessoas que nos são perenes!
Há pessoas impossíveis de destratar!
Há pessoas tão cheias de amor para dar!
Há pessoas que se conectam connosco desde o primeiro momento, desde o primeiro instante, ao nosso olhar!
Há pessoas que nos dão a mão, quando mais ninguém o fará!
E porque não, um estender da tua mão!

* Afinal, há pessoas assim como tu...
... que nem o tempo esquece!!!

## [Existe Um Sol]

Existe um Sol dentro de ti que te permite Ser.
Um Sol de bondade, um Sol que não é maldade.
Um Sol que é raio de luz.
Um Sol de essência divina, que transforma os dias em alegria e esperança, que na escuridão da noite faz viajar a luz do dia, que traz o âmago essencial.
Sabes aquele Sol que passa energia? Aquele Sol que nos faz sorrir quando os dias são de escuridão?
Um Sol que é adverso às intempéries da vida.
Um Sol que nasceu a amar.
Um Sol que nos ergue quando a queda está difícil de suportar.
Um Sol que beija o mundo com o olhar.
Um Sol que é Estrela Polar, que nos ensina a adubar sementes e a cultivar.
Um Sol que é ouro dentro de ti.
E, se ao espelho deste Sol te revês, então, acredita que a maior semente vive em ti.
Sê o Sol que nos ilumina.
Sê o Sol que nos dá a mão.
Sê o Sol do amor que nos conforta o coração.
Sê um Sol perene em ti e para o mundo.
O mundo precisa de caminhar de mãos dadas com um Sol
de esperança e renovação.
O mundo precisa do Sol que mora dentro de ti!

## [Há Pessoas Que Nos Sabem a Céu...]

Há pessoas que nos sabem a Céu...
Que não estão!
Longe estão!
São pessoas arco-íris...
Dão-nos a cor, sem o saberem, do amor...
Sentem-nos de cor!
Sentem-nos a dor!
Despem-se para nós!
Dão-nos o agasalho nas noites frias de cada estação...
São o Sol do nosso inverno...
Há pessoas que nos são alma...
Alma que desagua em nós...
São estradas de mel...
São pessoas luz nos caminhos da escuridão...
Para além do Além estão...
Estão longe!
Mas, perto estão!
Estão em nós!

Há pessoas que nos sabem a Céu...
Estão sempre!
Sempre aqui, ali ou acolá...
E no aqui ficam!
Ficam, porque estão!
Apesar de longe...
Moram aqui...
No coração!
Há pessoas de uma imensidão...
Há pessoas que nos sabem a Céu...
E elas sem o saberem, simplesmente são...

## Lénia Carolina Silva

*Nascida a 16 de setembro de 1983 na cidade do Funchal, Ilha da Madeira, Lénia Carolina Correia Silva, licenciou-se em Engenharia do Ambiente em 2008 e especializou-se em Higiene e Segurança do Trabalho em 2015. Atualmente reside em Angra do Heroísmo, Ilha Terceira. Fã incondicional de Fernando Pessoa, desde muito nova começou a dedicar-se à poesia, através da leitura de poemas e da escrita de poemas voltados essencialmente para a vida e para o amor.*

**O Tempo Passa, Mas Tu Não**

Tu, que sem saber fazes questão de me acorrentar.
Tu, que rigorosamente conheces as doses necessárias
para a minha reclusão.
Tu, que desconheces que andei minutos, horas, dias,
meses, sonhando contigo,
com o teu rosto, com o teu toque, com o teu cheiro,
com o teu olhar.
(ainda que não te visse, não te sentisse, nem sequer te falasse).
Tu, que apenas sabes que quando te senti,
fugiu de mim a coragem,
atropelou-se o pensamento, paralisou-se o meu corpo
e petrificou-se o meu coração.
E agora? Agora, desconheces que a culpa foi-se.
Chama-lhe loucura, estupidez, lucidez.
Agora, apenas ficou o medo.
Mas mesmo o medo é outro.
O medo que sinto hoje é o de não voltar a sentir
o teu toque, o teu beijo, o teu cheiro.
Tenho medo que já não me queiras.
Tenho medo de não voltar a tentar.
Tenho medo da rejeição.
Morro de medo de te perder.
Morro de medo de nunca mais ter oportunidade de ouvir
a tua voz, vislumbrar o teu sorriso,
sentir-me seguida pelo teu olhar.
Morro de medo desse teu jeito todo seguro de ser.
E só por isso, tenho-me deixado ficar assim,
quietinha no meu silêncio, a pensar em ti.
Ainda que saiba que, despertaste em mim

desejos, paixão, tesão.
Ainda que saiba que, contigo quero ousar, inovar,
experimentar, fazer tudo o que nunca fiz.
Reaprender a dançar, a transar, a sentir.
Reaprender a viver.
Ainda que saiba que, contigo, quero sempre mais.
Ainda que entenda que, de entre nós dois,
quem não é livre sou eu.

## Sinto Saudades de Mim

Sinto saudades de mim,
do meu sorriso, do meu olhar,
da minha forma de pensar,
do meu nome, do meu coração
e do meu modo estranho de agir.
Hoje, olho-me ao espelho e não me reconheço.
E é tão triste viver assim.
Percebi há muito que a melhor versão de mim,
o meu eu alegre, divertido e feliz
só existe lá fora, tem hora marcada,
nasce na alvorada.
Aqui, dentro destas quatro paredes,
sou cada vez mais uma sombra de mim,
a pior versão de mim,
já que a melhor,
essa, desaparece assim que a chave entra naquela fechadura...
E eis que então acordo e percebo,
que cabe-me a mim, apenas a mim,
transformar-me na minha melhor edição.
Que cabe-me a mim, apenas a mim,
dar vida àquela versão de mim que teima em ter hora marcada para deixar de existir.
Que cabe-me a mim, apenas a mim,
reescrever-me, reinventar-me.
Que cabe-me a mim, apenas a mim,
procurar ser feliz e entender que na vida,
a minha felicidade só pode depender de mim.

## Insatisfação

Vivo como vivo,
embora assim não queira viver.
Sinto o que sinto,
embora isto não queira sentir.
Sou como sou,
embora assim não queira ser.
Cresço como cresço,
embora assim não queira crescer.
E esta vida vou levando,
embora não a queira levar.
E nesta vida vou aprendendo,
embora não deseje aprender,
a viver com o que tenho,
e o que não tenho esquecer.
Embora seja simples,
muitos não vão entender,
a minha vida é um dilema,
e com esse dilema terei de viver.
Será síndroma de poeta?
Não sei nem quero saber,
será a vida incompleta,
para o mais pequeno ser,
ou estarei apenas sozinha,
sem saber o que fazer,
permanentemente insatisfeita,
sem nada me satisfazer?
Ou será apenas a minha solidão,
que aliada à minha insatisfação,
me manterá rebelde até morrer.

## Miguel Teixeira

*Miguel Ângelo Varela Teixeira nasceu a 29 de novembro de 1968 em Almada, Portugal, sendo desde novo um apaixonado pelas Letras, criando e participando em várias páginas de escrita. Em 2021 escreveu o livro de prosa poética "Esses Difíceis Amores".*

## ***BALLET***

Poesia é o *ballet* da escrita,
é ter a boca e o coração
na palma das mãos,
é o riso sem gargalhada,
chorar sem lágrimas no olhar,
a voz de quem sofre
por sua própria vontade calado;
é falar sem precisar de ter com quem,
sem precisar de ter de quê,
é o grito silencioso, a raiva surda
de quem vive na ponta dos dedos,
de quem pensa que ama, mas que apenas sonha,
sonha que vive, morre, sem dar conta
de ter um dia sequer nascido.

## Aglomerado de Palavras

Sou sentimento que não basta,
não chega, não extravasa, não flui,
um grito calado, a palavra amordaçada
que sufoca, engasgada na garganta.
Sou o verso primeiro de um poema inacabado, imperfeito,
um pássaro sem asas esquecido de voar.
Sou o filho bastardo da desdita,
um aglomerado de palavras despidas de cor,
perambulando sem destino, sem farol
que ilumine o meu caminho, um muito sozinho.
Sou mar agreste, tempestade sem bonança,
folha em branco por preencher, um nado-morto,
um sonho estéril de intimidades avulsas,
de necessidades e vontades vãs,
um náufrago perdido, esquecido em orgias literárias.
Sou o verso sem rima, um amante sem amada,
um pateta que um dia quis ser poeta dessa vida, vazia,
hoje largado à sorte, às escuras, a medo
numa selva de luas artificiais onde o Sol não brilha
e a esperança não sobrevive, fenece
à míngua de um amor perfeito.

## O Amor

O amor não tem cor, não tem idade,
não tem raça, credo ou sexo,
não tem fronteiras, não tem distância,
não tem horários, prazos, não tem desculpas.
O amor não é sexo. Sexo é bom.
Não, sexo é muito bom, mas sexo com amor... ah!...
O amor é princípio, meio e fim, paz e guerra,
o amor é tudo o que queremos
e sem o qual nada é completo,
é o sonho com toque, sabor e cheiro,
o cálice meio cheio,
prenho de uma sede insaciável,
é a vida virada do avesso, o grito sentido
a lágrima feliz por não contida,
que se liberta e ganha asas.
O amor é o momento que queremos perpetuar,
o segredo impossível de calar,
a nudez despida de vergonha,
a poesia escrita sem papel, sem palavras,
é um mundo inteiro sem sair do lugar,
é um lugar não importa qual - a teu lado;
luz que apaga a sombra, a pintura
com que visto a minha alma
e te dispo apenas com o olhar.

## Cheila Roça

*Cheila Vanessa Henriques Roça é natural de Caldas da Rainha e orgulhosamente disléxica. Licenciada em Educação Básica pela Escola Superior de Ciências Sociais. Mestre em Educação Pré-escolar também pela ESECS e fundadora e presidente da Associação de Acompanhamento Pedagógico e Social Construtores de Encantos.*

## Silêncio

Ecoa na minha alma
Uma doce canção
Onde os seus silêncios
Nos conduzem
Para um mar sem fim de sentimentos
Esta canção recorda
Aquele abraço sentido
Aquele olhar profundo
Que nos lembra
Que os mais belos sentimentos
Estão guardados em nós
Mas devem ser partilhados
Esta canção tem silêncios dourados
Que gravam em cada coração
A magia de dar
De se entregar ao outro verdadeiramente
Esta cancão ecoa na minha mente
E adoça a minha alma
Pois me faz acreditar
Que podemos construir
Um mundo melhor
O silêncio é a melodia
Mais bela desta canção
Que me faz recordar
O olhar terno daquela criança
Que sonhava com um mundo
Pintado em aguarela
Onde reinava o amor
E brilhavam os olhos

De que sonha acreditar
Que este mundo pode mudar
Basta sua melodia entoar
E nos silêncios
Continuar a procurar
A energia necessária
Para uma nova realidade construir
E desta canção fazer refrão.

## Aceitação

Olho em redor à espera de aprovação,
Nunca me sinto bem nesta missão,
Procuro no outro a aceitação,
Que ainda não consegui me dar,
Olho o espelho,
Procurando esconder cada defeito,
Porém meu coração clama:
"És mais do que imaginas!"
Finalmente aceito não haver perfeição!
Quero desfrutar da chegada
Antes de partir para outra jornada,
Permito-me aceitar a vitória,
Sem buscar os erros!
Aceito-me na minha imperfeição!
Lapidando sempre as arestas,
Na certeza de poder sempre melhor
Porém, reconhecendo as minhas limitações!
Olho de novo o espelho,
Reparando pela primeira vez
Na beleza do meu olhar.
Sinto-me estranhamente feliz,
Como Fénix,
Renascida de si!
Quero o meu melhor aprimorar,
Mas jamais vou deixar
De me amar!

**Desconstrução do Eu**

Todos os dias me olha insegura,
À espera de aprovação...
Seu olhar fixa
A imagem que transmito,
Procurando incessantemente
Todos os defeitos.
Seu ego clama por respostas,
Precisa de alguém...
Alguém que lhe diga:
"Estás bem!"
Por mais que me esforce,
Por transmitir o melhor de si,
Nunca chega.
A aprovação tem de vir do outro!
Mas o outro
Julga o livro pela capa,
Não conhece a beleza da alma
Que tento transmitir.
Talvez se lessem a primeira página...
Entenderiam o tamanho
De seu coração.
Fixo minha intenção,
Em transmitir a beleza de seu olhar,
Olhos verde-esmeralda,
Que refletem a pureza do ser.
Como é doce este olhar,
Volto a ilustrar sua beleza,
Como quem fixa o infinito,
Não consigo permitir

Que ignore sua beleza,
Que afirme:
“Quem me dera ser bonita!”
Ignorando o tamanho da sua doçura,
Que me dera que escutasse
Meu doce murmúrio:
“Tens a alma mais bonita do universo
Expressa no teu ilustre olhar!”
Queria que soubesse:
O quanto é linda
Para dos outros não querer
Uma aprovação
De que não necessita,
Pois meu reflexo
Transmite uma beleza
Que o seu olhar não pode enxergar.
Quem me dera
Poder falar,
Para lhe dizer:
“Não há ninguém mais perfeito!”
Pois é a chama que o mundo quer mudar.
Sou o espelho
Mais feliz do mundo
Por seu reflexo poder mostrar.
Só queria que seu olhar
Se abrisse para observar
O quanto é bela!

## Lurdes Neves

*Sou Maria de Lurdes dos Santos Neves, tenho quase, quase 75 anos. Sempre trabalhei na agricultura e sempre escrevi e bordei. Já escrevi um livro, "Memórias de Família", só mesmo para a família portuguesa e a que também temos no Brasil. Escrevo histórias para os netos e depois fazemos delas teatro só aqui em casa (é uma forma de brincar).*

**O Amor.**

A única força universal que pode dizer
Eu sou o espírito de coragem
Que impede os homens de serem cobardes,
Eu sou a fonte de esperança, sou a liberdade dos escravos,
Sou aquele que sara o coração ferido,
Que ensina a amar o próximo...
Sou aquele que abençoa,
Que ama, que esquece e perdoa...
Eu neutralizo a inveja e o ciúme.
Sou aquele que tira aos homens
A vaidade,
A ilusão,
O egoísmo,
A ambição...
Eu ensino a ser amigo
Dos tristes, dos desprezados, dos isolados...
Eu concedo nova esperança
A todos os que me abrem o coração,
Eu sou a única força maior,
Que tudo o que é bom ensina,
A única força que vence e ilumina...
Eu expulso a discórdia dos lares,
Eu arranco aos corações o ódio, eu levo a paz às nações...
Ensino a viver como irmãos todos os homens...
Dai-me guarida...
Deixai-me entrar no vosso lar,
Eu curarei todos os males,
Entre toda a humanidade quero ter o meu lugar.
Serei o vosso maior valor...
CONHECEI-ME:
EU
SOU
O AMOR.

## A Nossa Infância

Fomos crianças felizes, duma felicidade completa,
Eu e minha irmã, nosso pai e nossa mãe.
Fomos tão felizes, naquela infância,
Tínhamos abundância, tanto amor,
Tivemos esse valor que de todos é supremo...
Não sentíamos falta por não ter brinquedos,
Pois tínhamos pai e mãe que com nós brincavam...
Com pedaços de madeira, nosso pai banquitos nos fazia,
Com amor e paciência, o balancé nos preparava,
Com uma corda e tabuinha, com nós brincava...
Com retalhos de pano, as bonecas de trapos,
Que nossa mãe nos ensinava a fazer,
Com pano desfiado a servir de cabelo.
Com retalhos sobrados a roupa lhes fazíamos.
Como ficavam lindas, com saias bordadas,
Com riscos feitos com linha,
A nossa mãe nos ensinava...
Tivemos tudo o que precisávamos,
Paz, Carinho e Amor, com abundância.
Tivemos esta riqueza na nossa infância!

**Minha Saibreira**

Campos verdes ondulantes,
Meu campo, minha saibreira,
De trevo balouçando ao vento,
Espiga vermelha, formando esteira.

Trevo de folhas aveludadas,
Verde tapete de cetim,
Deslumbrante quadro belo,
Que o suave vento ondulava assim.

Que beleza para o nosso olhar!
Não há pintor que consiga
Tão lindo quadro pintar.

Esta paisagem ficou
Presa no meu imaginário,
Que como recordação a guardou.

## Isabel Figueira

*O meu nome é Maria Isabel Sande Lagareiro Figueira e vivo no concelho de Elvas. Desde pequena que sonho ser poetisa. Essa será a minha meta e transportá-lo a si para o mundo da poesia seria a minha alegria.*

## A Voz no Silêncio

Muitas vezes nos fascina,
Ficamos admirados,
O que será que nos domina?

Por vezes sem perceber,
O que será que nos quer dizer
Essa voz!
Esse pensamento!
Que em todos nós,
Ela existe cá dentro,
Será um aviso!
Será uma certeza!
Porque ouvir é preciso,
Essa voz, que fala contigo,
Pode até ser o teu porto de abrigo,
E até o teu melhor amigo.

Que nem o precisas ver,
É só mesmo o entender,
Vem de qualquer direção,
Essas palavras que estão ali.
Elas vêm,
Elas vão,
Escuta com muita atenção,
Elas estão dentro de ti.
Mas por vezes... ignoramos!
O pensamento está muito ocupado.
A pensar no futuro,
A pensar no passado,

E é urgente ouvir
Essa voz no presente,
que no momento desvalorizamos,
Será sinal que não nos amamos!
Não queremos entender essa voz,
que é só nossa e ninguém a precisa de escutar,
Será uma forma de refletir e depois poder agir.

## O Amor é Isto

Amor é querer estar perto,
É estar agarradinho,
É sentir-se no deserto,
Quando se está sozinho.
Amor é sentir um aperto no peito
Quando se está afastado,
É amar, assim desse jeito,
Estar perto e ser aconchegado.
O Amor é paixão na juventude,
Algo diferente será depois,
Mesmo que muita coisa mude,
Mas é bom viver a dois.
O Amor é querer dividir
Sempre aquela opinião,
É nos fazermos sorrir,
Estar juntos em cada decisão.
O Amor é levar para o futuro
Uma bagagem levezinha,
Tudo aquilo que foi duro
Fica para trás, o que lá tinha.
O Amor assim perdura
Com uma esperança conseguida,
Numa união já madura,
Que preenche a nossa vida.

## O Desconhecido

De onde vieste tu
Sem eu nem perceber?
Vieste de mansinho,
Assim com tanto cuidadinho,
Estavas para mim a olhar,
E eu a começar a gostar.
Senti que me querias,
Senti que me desejavas,
Como é possível, se nem te conhecia?
E tu, só para mim olhavas.
Muito além daquele olhar,
Que me recordo até hoje.
Você me tocava a alma,
E como era possível?
Toda aquela calma
Só me agitava o coração.
Um dia iria sentir as tuas mãos
Me tocarem delicadamente.
Não sei se era é paixão,
Mas era algo diferente.
Parecia mesmo tão profundo
Que eu toda estremeci.
O teu olhar penetrava em mim
Com esse momento que vivi,
E que eu não queria que tivesse fim.
Passava para lá da minha pele,
Entrava tão profundamente,
E foi vivido intensamente.
Invadiu o meu corpo como nunca tinha acontecido,

Libertava todas as minhas emoções,
Mas que boas sensações.
Foram coisas inesperadas,
Foram momentos para descobrir,
Foram páginas viradas,
Foram o meu verdadeiro sentir.

## João Vilnis

*Olá, chamo-me João Vieira e assino os meus textos com o nome João Vilnis. Comecei a escrever aos 15 anos, sempre com o amor como tema principal. Inicialmente em blogue, a relatar as minhas experiências e os sentimentos consequentes e, mais recentemente, tenho explorado a poesia com a mesma intenção. A partilhar sobre as minhas memórias amorosas, os desejos e as emoções que carregam.*

## Ar

Antes não pudeste ficar,
agora sou eu que não pode ceder.
Estás linda como me lembro e antes de ir
queres que te faça feliz como te lembras.
Ainda sei deixar-te a pulsar como antes.
E no teu tempo
Vou provar-te.
Fazer-te acabar.
Deixar-te respirar.
E fazer acabar de novo.
Até te ter como quero que te lembres de mim.

## Puro

Gemes na minha boca
e puxas-me para ti.
Dizes que o teu corpo é meu
E agarras o meu orgulho.
Já não sei se faço amor contigo ou com o meu ego.
E quando me tocas como me falas
deixas-me a querer-te todos os dias.
Eu não quero o teu coração, mas é tão difícil.
Tu transformas o meu desejo em dependência.
E tornas-me tão puro na tua falsa inocência.
Dás-me a atenção e as mentiras que preciso
e quanto mais me mentes,
mais medo tenho de te perder.

## Nome

Se tu me libertares dos meus medos
ainda serei eu?
Posso ter-te e ser quem sou sem me perder?
A encontrar felicidade nas ilusões?
Venho de novo desejar ser amado
Nas palavras que nunca usei
para que me vejas melhor do que sou.
Serei aqui e agora para ti onde me levas,
no que me fazes.
E vou nas mentiras ser livre nas tuas vontades.
No final, o teu nome
é só o que sobra de mim.

## Rui Sousa

*O meu nome é Rui Sousa. Nasci em Lisboa (Olival Basto) a 15 de dezembro de 1974 e desde cedo revelei apetência para a escrita. Apesar disso, somente em 1996 comecei por escrever alguns poemas. Alguns anos mais tarde, incentivado por uma amiga, escrevi o meu primeiro romance que, por curiosidade, começou por um poema que depois de desenvolvido acabou por dar num livro ("A Ilusão De Um Amor"). A 15 de dezembro de 2008 intento uma edição de autor com o romance "A Dimensão de Um Mentira". Com uma edição de 200 exemplares, vendo todos os exemplares através de venda direta. O* feedback *que obtive das pessoas foi excelente e, com naturalidade, senti a necessidade de continuar a editar livros (com ou sem editora). Neste momento já totalizo quatro livros editados.*

## Desilusão/Ilusão

A desilusão dá-me sempre a mão,
causa-me dor, causa-me pavor
de querer falar de amor.
A desilusão espeta-me sempre uma faca no coração,
faz-me chorar, faz-me sofrer,
faz-me querer parar de viver.
A desilusão mata-me por dentro,
diz-me que não, altera-me a visão
e atira-me sempre para o chão.
A ilusão? A ilusão mantém-me vivo...

**Medo**

Medo.
Sempre tive medo, mas hoje, tenho muito medo...
Medo do passado, medo do presente, medo... do futuro.
Medo de recuar, medo de avançar, medo... de parar.
Medo de falar, medo de me calar.
Medo de amar alguém, medo... de não ter ninguém.
Medo da confusão, medo... da solidão.
Medo de viver, medo... de morrer!

## Sou...

Já amei e fui amado por alguém que não amei!
Oiço e sou ouvido por alguém que não ouve!
Grito e falo baixo, mas não me rebaixo!
Penso em alguém que não pensa em mim.
Felicidade e tristeza em cima da mesma mesa.
Já chorei por amor, mas não fui amado o suficiente
para chorarem por mim.
Já ignorei e fui ignorado por alguns ignorantes.
Sorrio e choro por alguém que adoro.
Já iludi e fui iludido por uma ilusão que me deixou perdido.
Sei o que sou. E tu, sabes quem sou?
Sou tudo aquilo que nunca fui,
mas que um dia pretendo vir a ser.
Sou parvo, sou chato, sou um bicho no meio do mato.
Sou burro, sou esperto,
mas mantenho sempre o meu coração aberto.
Sou pai, sou mãe, sou filho, sou irmão e nunca digo que não.
Sou fraco, sou forte, mas não tenho muita sorte.
Sou amigo, sou inimigo, sou ódio, sou paixão,
sou a favor da união.
Sou tristeza, sou alegria, no meio da poesia.
Sou alegre, sou triste,
sou alguém que simplesmente não desiste.
Sou amor, sou atração, sou dor, sou...
Escritor!

# Mónica Mesquita

*"Poetisa do amor e alegria, sensível, afável e humana...*
*Faz magia através da poesia."*

## Na Rota (Sigo o Meu Caminho)

Na minha rota,
o amor próprio não desbota.
Sigo a minha frota, o meu caminho,
bem devagar, devagarinho...

E como devagar se vai ao longe
e o universo não me foge,
sigo o meu caminho, a minha rota,
sem andar sozinho, a flor brota...

A andar, a sonhar,
vou percorrendo o meu destino.
Caminho que é só meu,
pergaminho do meu breu, requinte fino.

Assim sigo na minha trilha,
rota, poesia que me arrima.
De alma e coração contente,
a emanar olor, a amar toda a gente.

Sigo o meu caminho, rota do destino... E que seja feliz, Divino.

**"Eu Acredito..."**

Acredito no que sinto, a mim jamais me minto,
no que penso com ou sem senso (amor/humor)
intenso e denso.

Acredito no meu sorriso que espalha siso,
por vezes maroto juízo.

Acredito no que preciso, indeciso ou decidido,
no friso do trilho,
caminho clareado pelo brilho.

Acredito na luz que me guia,
num olhar que me amacia e ilumina.

Acredito na boca que me fala, no beijo ardente que me cala...
Que descontrai e ativa a minha mente,
me embala avidamente.

Acredito num som manso e sereno, num ventinho ameno
a tocar no meu rosto, é um sol posto.

Acredito no mar que ondula como o amar...
Ora calmo, ora ofegante, que desperta os amantes.

Acredito na natureza, que me traz beleza, colorida,
sábia guarida...
Um refúgio livre, vivente, sapiente.

Acredito em Deus,
que brada do coração dos céus e irradia amor e fé,
protege e alcança a todos, mesmo num remar contra a maré.

Acredito que nada acontece por acaso,
cada situação tem o seu caso
e para nada existe prazo.

Acredito no corpo que me abraça forte,
nos braços que me entrelaçam
e tanto me fazem perder como encontrar o norte.

Acredito na poesia, bela e sábia companhia,
que desfia amor e alegria,
pura magia.

Acredito, ainda acredito,
que há pessoas boas de outro mundo neste mundo,
que possuem um sentir profundo.
Uma alma que toca, sem tocar
fisicamente, no fundo do coração e sabem amar,
passar emoção à gente.

Eu acredito, sim. Está dito e jamais será desdito.

**"O Amor Não Precisa de Vez"**

O maior sentimento que existe
é o amor que jamais desiste.
Está dentro do ser humano
como sangue, escorre sem engano.

O amor não precisa de vez,
sobrevive a qualquer revés!
Assim o seja puro e verdadeiro,
num sentir a dois, pleno e guerreiro.

Por isso há sempre uma chance,
o importante é que o amor avance.
Evolua a par e passo, seja regaço.

Amor compartilhado a dois,
chama que reacende agora e depois.
Contemplação audaz, raiz forte, capaz.

Miguel Guerreiro

*Poeta bem-disposto que não só descreve o amor e a alegria,*
*como sem dor nem desgosto, sempre que poesia escreve,*
*fá-lo com gosto.*

Uma poesia diferente escrevi.
Escrevi palavras diferentes,
usadas pois por toda a gente.
Palavras usadas e suadas,
envergonhadas e maltratadas.
Palavras diferentes escrevi,
se nas palavras poesia senti.
Senti o chamar da caneta,
e no coração, a dor do poeta.
Escrevi palavras diferentes,
usadas pois por toda a gente.
Palavras usadas e suadas,
desesperadas e amarguradas.
Palavras diferentes escrevi,
se nas palavras poesia senti.
Senti a poesia no coração,
e no papel, amor e desilusão.

(Poesia senti, poesia escrevi).

Com ou sem jeito, vou vivendo.
Com jeito vou escrevendo,
com ou sem jeito, vou vivendo.
Vivendo vou, sofrendo não,
mas seguindo o meu coração.
Escrevendo vou com jeito
palavras que me saem do peito.
Saem do peito, não da boca,
são palavras loucas, não ocas.
Com jeito vou escrevendo,
com ou sem jeito, vou vivendo.
Sofrendo não, vivendo vou,
com ou sem jeito, aqui estou.
Escrevendo vou com jeito
palavras que me saem do peito.
Saem do peito, não da boca,
ocas não, são palavras loucas.

(Loucas são, saem do coração).

Gosto de escrever para pessoas.
Considero-me um poeta popular,
de dia sigo o Sol, de noite o luar.
Num poema conto uma história,
seja uma derrota, ou uma vitória.
Gosto de escrever para pessoas,
sem saber se são más ou boas.
Não importa se para inteligentes
ou não, mas para toda a gente.

Considero-me um poeta popular,
de dia sigo o Sol, de noite o luar.
Num poema conto uma história,
sai do coração, fica na memória.
Gosto de escrever para pessoas,
sem saber se são más ou boas.
Não importa se para intelectuais
ou não, todos parecem geniais.

(Sejam poemas fictícios ou reais).

## Ricardo Machado Ferreira

*Ricardo Manuel Machado Ferreira, escritor e poeta, amante das letras. Várias obras publicadas e participação em outras obras literárias.*

## A Minha Luz e o Mundo

Da minha janela vejo o mundo!
Alargo os meus horizontes infinitos,
Completo o meu ser bem profundo!
Alimento a alma vazia nos escritos.

Caminho na sede do amor completo,
Sinto a leveza no meu coração,
Construo este prazer bem secreto,
Forte muralha de robusta emoção!

Minha forma física se transforma,
Sou um gigante no meu espaço!
Alimento todo o corpo que ama,
As ideias sentidas num abraço.

A luz e o mundo fortificam as cores,
A minha armadura reflete quem amam,
Corro atrás da loucura e sabores,
A luz e o mundo me acalmam!

## Sentimento Escondido

Não utilizo pontuações,
Escrevo com minha alma,
Construo as emoções,
Para fazer crescer a calma.

Imagino o que é crescer,
Num texto com sentido,
Fazendo de novo nascer,
Meu sentimento escondido!

Pensamentos que desenho,
Baralhando toda a sorte,
Colo tudo dentro do sonho,
A alma fica assim mais forte.

Canto por fim meu calor,
Nas palavras tão sentidas,
Ternura com tanto amor,
Ficam então defendidas.

Aquece aquele vazio triste,
O meu ser fica preenchido,
Pois sei que assim existe,
O coração no fim tão lindo.

Meu amor chegou,
está próximo da minha porta,
será que toca,
será que bate,
será que entra, não sei...

Quero, desejo muito o teu corpo perto de mim,
não tenho palavras, nem sei esclarecer as minhas emoções.
É um turbilhão de sensações tão gigante que me deixa sem ar,
respiro com sufoco, é uma dor...

Ai, ai, que maravilha é este sentir que sinto nas minhas veias
a cavalgar!
O coração parece um míssil teleguiado,
um verdadeiro arsenal de destruição.
É tão poderoso que faz a pele saltitar.
Isto é a única expressão para tanto te amar.

www.ingramcontent.com/pod-product-compliance
Lightning Source LLC
LaVergne TN
LVHW021158160826
845679LV00024B/2154

* 9 7 8 9 8 9 3 3 3 1 8 6 6 *